Lk 1201.

DISCOURS

PRONONCÉ

Par M. DONIS, Curé de Saint-Louis,

A l'occasion de la Bénédiction

DE LA CLOCHE

DESTINÉE A L'ÉGLISE PROVISOIRE

SAINT-FERDINAND.

BORDEAUX

TYP. J. DUPUY ET COMP., RUE GOUVION, 20.

1857

DISCOURS

PRONONCÉ

Par M. DONIS, Curé de Saint-Louis,

À L'OCCASION DE LA BÉNÉDICTION DE LA CLOCHE
DESTINÉE A L'ÉGLISE PROVISOIRE
SAINT-FERDINAND.

> *Dilata tentoria tua Israël.*
> O Israël, élargis tes tentes.

ÉMINENCE, MES FRÈRES,

Quand, sous l'influence de la bénédiction divine, le nombre des enfants s'est accru dans une famille, le moment arrive où ils s'éloignent du toit paternel pour former une famille nouvelle. Il en est ainsi des paroisses, ces familles spirituelles, où les âmes sont enfantées à la grâce.

Depuis quelques années la population de Bordeaux avait pris un développement considérable ; les bornes anciennes ne suffisaient plus à la cité ; de nouveaux quartiers avaient surgi. Un grand nombre de fidèles, éloignés des centres religieux, cessaient de les fréquenter : les brebis dispersées erraient à l'aventure ; le zèle du pasteur, quelque ardent qu'il fût, ne pouvait rayonner jusqu'à elles. Il les voyait avec tristesse échapper à son action et à son influence. Les sons de la cloche n'arrivaient plus à leurs oreilles ; la voix de la religion se perdait dans le tumulte des affaires et des plaisirs.

Le premier pasteur s'en émut. Il fit partager sa sollicitude au Gouvernement et à la ville. Une paroisse nouvelle fut créée sous le titre vénéré de *Saint-Ferdinand,* nom qui lui fut donné comme un gage de bonheur, comme une assurance de haute protection. Et voilà qu'aujourd'hui, la ville et le Gouvernement, unis dans une même pensée, se font représenter ici, l'une, par l'expression la plus élevée du mérite et du dévouement civil, l'autre, par ce que la vertu et la bienfaisance ont de plus aimable et de plus gracieux.

Réjouis-toi donc, paroisse de Saint-Ferdinand. Comme Israël, tu n'avais jusqu'à ce jour pour abri que des tentes provisoires ; aujourd'hui elles s'agrandissent, elles se dilatent. Le temps viendra où le tabernacle du désert sera remplacé par le temple de Jérusalem, où à l'œuvre de Moïse succédera la merveille de David et de Salomon ! Réjouis-toi, car, en attendant, tu auras ce qui est indispensable à une société chrétienne, ce qui lui donne un corps, une âme, une voix : je veux dire l'Eglise, le prêtre, la cloche !

Au moment de la tempête, quand au sein d'une obscurité profonde, les éclairs jaillissent, le tonnerre gronde, quand des vents indomptables bouleversent les flots, alors le danger devient imminent. Le pilote travaille à regagner la haute mer ; l'équipage fait des efforts inouis : c'est en vain. Le navire, poussé de plus en plus par l'ouragan, s'avance rapidement vers les rochers où l'attend un naufrage inévitable. Mais, tout à coup, un phare a brillé.... L'espérance renaît dans l'âme des nautonniers... leur courage se ranime.... Ils se dirigent vers cette lumière providentielle. O bonheur! elle éclaire l'entrée d'une anse favorable. Après une lutte prolongée avec l'élément furieux, ils y pénètrent. Là le vent a perdu sa puissance ; les flots apaisés s'endorment.... Avec quels transports ils saluent cette terre fortunée! Ils bénissent le ciel : ils sont au port....

Or, la mer orageuse avec ses écueils et ses flots agités, c'est le monde. Les nautonniers menacés du naufrage, c'est vous-mêmes. Le phare, c'est la Foi qui vous montre le refuge, je veux dire nos temples sacrés où l'âme trouve le calme, le repos, l'abondance des grâces, où elle se prépare à déployer ses voiles, pour voguer de nouveau vers le grand port de l'éternité.

L'Eglise est pour le chrétien une patrie, une famille, le rendez-vous des âmes qui aiment Dieu et qui soupirent après le ciel. C'est là que vous fûtes portés dès votre entrée dans la vie, c'est là que vous reviendrez en la quittant. La main qui bénit votre berceau bénira votre tombe. La voix qui berçait votre enfance, par des hymnes et des mélodies pieuses, chantera sur vos dépouilles funèbres les gémissements et les lamentations des prophètes.

Qu'ils sont aimés, grand Dieu, vos tabernacles! L'affligé y trouve une source intarissable qui verse le rafraîchissement et la consolation sur ses lèvres brûlantes. En voyant la croix de son Dieu, la sienne lui paraît moins accablante. Il la reprend avec courage et résignation sur ses épaules meurtries, et il écoute avec attendrissement ces divines paroles qui s'échappent du sanctuaire : « Bienheureux ceux qui » pleurent, car ils seront consolés. *Beati qui lu-* » *gent quoniam ipsi consolabuntur.* »

Le pécheur poursuivi par les remords vient s'y réfugier. La miséricorde l'accueille et le presse dans ses bras maternels. Touchée de son triste état, elle met l'appareil sur ses plaies et les arrose de beaume salutaire. Elle s'empresse de le dépouiller de ses haillons, le revêt d'une tunique nouvelle, et cet infortuné renaît à la grâce, à la vie, au bonheur. Il a retrouvé sa dignité première.

Pour le juste, l'Eglise c'est un jardin de délices

où il vient enivrer son âme du parfum des vertus. Là, comme l'arbuste planté près du courant des eaux, cette âme se couronne de fleurs et de fruits qui n'ont point à craindre les ardeurs du soleil, ni la secousse des vents. Il y trouve réunis tous les moyens de salut : la prière, les sacrements, la parole de Dieu, l'adorable sacrifice. Pour le juste, l'Eglise c'est la cour où l'Agneau divin, entouré d'anges, vient tenir ses états, c'est la villa préférée du monarque éternel, c'est le ciel lui-même sous le voile transparent de la Foi.

Oh! que ce lieu est vénérable! Oui, vraiment, temple sacré, vous êtes la maison de Dieu et la porte du ciel! *Verè non est hic aliud nisi domus Dei et porta cœli!*

Sans le prêtre, l'Eglise ne serait qu'un corps sans âme. C'est lui qui l'anime, la vivifie. Il est ministre de la maison de Dieu, le dépositaire de ses enseignements, le dispensateur de ses mystères. C'est sa main qui pétrit le pain indispensable aux voyageurs du temps et prépare le remède qui doit guérir l'humanité malade. C'est à sa voix que le Verbe éternel quitte le sein de son père et descend sur l'autel. Il prie, il enseigne, il console.

Le prêtre s'adresse à Dieu au lever de l'aurore, au milieu du jour, et les ombres de la nuit le surprennent encore dans la prière. D'après l'apôtre, l'âme sacerdotale est comme un pont jeté entre deux rives, entre le temps et l'éternité. C'est un de ces anges que Jacob, dans sa vision mystérieuse, voyait monter et descendre sur une échelle qui atteignait de la terre au ciel. Faut-il arrêter le glaive de la justice divine ? Nouvel Aaron, il se tient entre les vivants et les morts, et sa médiation puissante fait cesser les plaies qui désolaient Israël.

Voyez-le à l'autel lorsqu'il célèbre le redoutable mystère. Les têtes se courbent ; les cœurs battent d'amour ; une foi respectueuse saisit toutes les âmes, Dieu est là... Et ce sont des mains mortelles qui soutiennent Celui qui fait trembler les colonnes des cieux !... Des milliers d'anges se prosternent et adorent ! Mais lui, il est debout, traitant directement avec le Très-Haut et concluant le pacte de réconciliation qui doit sauver la terre et apaiser le ciel. Autour de lui, on aperçoit l'affligé dont il expose les peines, le laboureur dont il recommande les moissons, la mère éplorée dont il offre les prières et les soupirs. Oui, chrétiens, quand le prêtre célèbre, ce n'est plus ce mortel faible et tremblant qui n'apporte à l'autel que sa misère, c'est Jésus-Christ lui-même qui parle par sa bouche, qui sacrifie par ses mains, qui tressaille dans son cœur. *Sacerdos alter Christus.*

Ce fidèle dépositaire des enseignements de Dieu monte dans la chaire de la vérité. Sa parole, tour à tour sévère et consolante, livre la guerre au vice et fait ressortir les avantages de la vertu. Entendez

vec quelle énergie il dépeint au pécheur le danger
e ses égarements et par quelles salutaires frayeurs
parvient à l'arrêter sur la pente du crime. Dieu,
âme, la vie, la mort, le temps, l'éternité... Quoi
e plus vaste! de plus saisissant! de plus sublime!

Mais suivons-le dans l'ombre solitaire et silen-
ieuse du tribunal de la pénitence. C'est là qu'il de-
ient le confident de tous les fardeaux du cœur.
eines, désordres, faiblesses, inquiétudes se confon-
ent successivement dans ses oreilles attentives. Il
ispense tour à tour les conseils, les reproches, les
ncouragements. Guide éclairé, il s'efforce de dissi-
er les vaines illusions et de montrer le redoutable
récipice. Médecin prudent, il prescrit des remèdes
mers dont il attend les salutaires effets. Que de
lagdeleines viennent pleurer à ses pieds et recevoir
assurance du pardon! Que d'enfants prodigues re-
ouvent auprès de lui l'abondance et le bonheur!
mon Dieu! qu'elle fut grande et miséricordieuse la
ensée qui vous fit donner au prêtre ce pouvoir
onnant de lier et délier les consciences!

Le prêtre sort du temple. Il dirige ses pas vers le
duit obscur où le pauvre honteux cache sa misère
dévore ses chagrins, où toute une famille périrait
ns secours, si une ingénieuse charité ne devinait
s besoins. Voyez-le apaisant les haines, les dissen-
ons, et par ses conseils rétablissant la paix dans
s familles. Suivez-le près du chrétien mourant.

Comme cet ange radieux qui apparut à saint Pierre dans sa prison, il le fortifie, le console. Il lui apprend que ses chaînes seront bientôt brisées, et que l'heure de la délivrance va sonner. Il lui donne le pain du voyageur et verse sur ses membres l'huile sainte qui sera pour cette âme chrétienne l'onction royale de l'immortalité.

Une contagion funeste vient-elle à se répandre? La mort se promène-t-elle avec des menaces et des épouvantements funèbres? Prêt à donner sa vie pour ses brebis, n'écoutant que les inspirations de la charité, il foulera aux pieds toute crainte, bravera tous les dangers et, s'il le faut, il saura mourir. Sur terre et sur mer, au milieu des champs de bataille, dans les inondations, les incendies, vous trouverez le prêtre partout, jusque sur les barricades, où vous le verrez expirer avec la parole de pardon à la bouche et l'olivier de la paix à la main. Que dis-je? Il ira s'asseoir jusque dans l'humide cachot du prisonnier. Il priera, il versera des larmes. Et, sur ce front marqué des stygmates du crime, on verra reluire l'auréole du repentir et de l'espérance.

Mes Frères, voilà le prêtre, le pasteur! Oh! vénérez-le, entourez-le de votre affection, pressez-vous autour de lui comme des enfants dévoués. Ne laissez jamais s'affaiblir en vous l'esprit de paroisse. Là où est le pasteur, là doit être le troupeau. Lui seul est votre père, lui seul a grâce d'état pour sauver vos âmes dont il répond sur la sienne. Vous êtes un des anneaux de la grande chaîne catholique, cet anneau doit tenir à celui du pasteur, comme le pasteur tient au pontife, comme le pontife tient à Dieu.

Vous avez autour de vous des corps religieux que le ciel nous donna comme auxiliaires. Mais ne vous éloignez jamais du centre où commande le chef. Si vous êtes blessés dans les combats de la vie, si vous tombez en route, nous y consentons, arrêtez-vous un instant dans ces chapelles hospitalières où s'élèvent des chaires et des tribunaux sacrés; faites panser vos plaies par ces mains si compatissantes; acceptez avec reconnaissance la nourriture qu'elles vous présentent; mais ne l'oubliez pas, ce n'est qu'un abri momentané. La famille vous attend; votre père est plongé dans l'inquiétude jusqu'à ce qu'il puisse vous presser dans ses bras, vous prodiguer ses soins et son amour. Oui, la messe de paroisse, les offices de la paroisse vous réclament. Votre place ne doit jamais rester vide au foyer de la famille.

Après cela, allez, si vous le voulez, dans ces chapelles, mettre ordre à une conscience troublée; allez nourrir votre âme du pain de la parole qu'on y distribue et demander des conseils à ces âmes méditatives qui ont quitté le monde pour se placer sur le rivage de l'éternité. Et nous bénirons ces voix amies qui vous auront consolés, ces mortels généreux, qui, vous trouvant étendus sur le chemin, auront versé dans vos blessures l'huile et le vin du zèle et de la charité.

Enfin, Mes Frères, à l'Eglise, au pasteur qui en est l'âme et la vie, il faut encore une voix puissante et solennelle pour convoquer en même temps tous les fidèles. Cette voix, c'est la cloche, objet essentiel du culte, que va bénir notre pontife bien-aimé.

Pourquoi cet encens, ces aspersions, ces onctions sacrées? Pourquoi ces cérémonies et ces longues prières? Pourquoi ce concours empressé des fidèles et des personnages éminents dans l'Eglise et dans l'Etat. C'est que la cloche, quoique composée d'éléments matériels, remplit en quelque sorte un ministère apostolique. Elle est le hérault de Dieu et l'auxiliaire du pasteur. Elle a des plaintes pour nos douleurs, de gais carillons pour nos joies, de bruyantes volées pour nos fêtes et nos victoires. Sentinelle vigilante, elle est toujours prête à jeter le cri d'alarme. Compagne assidue du chrétien, elle l'éveille, lui indique la fuite du temps, la marche des heures, le moment du travail et du repos. Trois fois le jour, elle l'invite à découvrir son front et à répéter la touchante prière qu'un archange apporta du ciel.

Comme, dans la vaste nef d'une cathédrale, la voix puissante de l'orateur sacré communique à des milliers d'hommes ses impressions, ses pensées, ses sentiments, en sorte qu'en ce moment solennel, toutes les âmes, tous les cœurs ne font qu'une âme avec son âme, un cœur avec son cœur : ainsi, quand la cloche s'ébranle au nom de la Religion ou de la Patrie, toute une paroisse, toute une ville s'émeut comme par une commotion électrique, et communie, si je puis ainsi parler, aux mêmes craintes, aux mêmes espérances.

Une grande solennité se prépare-t-elle ? C'est l'ange de la bonne nouvelle qui parcourt les airs en chantant : *Gloire à Dieu au plus haut des cieux et paix sur la terre aux hommes de bonne volonté.* Dès la veille, la cloche se met en mouvement et chacune de ses ondulations remue le cœur du fidèle, réveille en lui le sentiment profond du mystère qu'on va célébrer, et le dispose à la prière, à l'amour, aux enseignements qui, le lendemain, couleront de l'autel et de la chaire comme un fleuve divin.

Quant la mort projette son ombre funèbre sur un enfant, sur une vierge, sur le chef d'une famille chrétienne, entendez ce tintement lent et lugubre, signal de l'agonie. Bientôt des vibrations plus pressées et plus rapides annonceront qu'une âme vient de quitter sa prison terrestre. Et des larmes pieuses couleront, et la prière de chaque fidèle accompagnera cette âme aux pieds du Juge suprême.

Soyez donc heureux, paroissiens de Saint-Ferdinand, de voir bénir cette cloche qui est votre bien, votre œuvre, le résultat de vos offrandes et de vos pieuses largesses.

« Et toi, airain sacré, s'écrie, dans une circons-
» tance mémorable, le vénéré pontife que cette
» église a le bonheur de posséder aujourd'hui, sonne
» désormais pour toujours la vigilance active des pè-
» res, la sollicitude éclairée des mères, le respect et la
» docilité des enfants. Sonne l'union, la concorde
» et la paix des familles, la nécessité des bonnes
» œuvres, la sanctification du dimanche, la fidélité
» au devoir Pascal. Sonne pour le pauvre, la rési-
» gnation et l'espérance, pour le riche, la charité et
» le bon exemple. Sonne pour nos belles campagnes
» la cessation du fléau qui les afflige. Enfin, sonne
» pour tous l'amour de la patrie, le respect de l'au-
» torité, la pratique du devoir et de toutes les ver-
» tus qui rendent les peuples grands et heureux. »

www.ingramcontent.com/pod-product-compliance
Lightning Source LLC
Chambersburg PA
CBHW061523040426
42450CB00008B/1758